これまで見たこともない新ポケモンが次つぎと登場するイッシュ地方！このずかんでしっかりチェックして、ポケモンを全部ゲットしようぜ！

- イッシュずかんの見方 ……… 4
- **ア**行で始まるポケモン ……… 6
- **カ**行で始まるポケモン ……… 22
- **サ**行で始まるポケモン ……… 51
- **タ**行で始まるポケモン ……… 71
- **ナ**行で始まるポケモン ……… 97
- **ハ**行で始まるポケモン ……… 99
- **マ**行で始まるポケモン ……… 128
- **ヤ**行で始まるポケモン ……… 146
- **ラ**行で始まるポケモン ……… 151
- **ワ**行で始まるポケモン ……… 158
- 「ポケットモンスター ベストウイッシュ」アニメ キャラクター大集合 ……… 161
- イッシュずかん番号順 ポケモンリスト ……… 174

(3)

イッシュずかんの見方

イッシュ地方のポケモンをすべて大しょうかい！
知りたいポケモンのことがすぐにわかるよ！
このずかんで、きみもポケモンマスターになれる!!

ずかんの見方をしっかりおぼえてね！

1 名前
ポケモンの名前だよ。

2 ツメ
そのページにのっているポケモンの、名前の1文字目が出ている。この本は、名前のアイウエオ順でのってるよ。

3 分るい
ポケモンの分るい。

4 ずかんナンバー
ポケモンのイッシュ地方でのずかんナンバー。

5 タイプ
ポケモンのタイプ。タイプは、全部で17しゅるいある。2つ書いてある場合は、そのポケモンは2つのタイプを持っているということだよ。

6 とくせい
ポケモンが持っているとくせい。2つ以上書かれている場合、1ぴきのポケモンはどちらか1つのとくせいだけを持っている。どちらのとくせいを持っているかは、つかまえるまで分からない。
「かくれとくせい」を持つポケモンは、野生のポケモンにはいない。特別なポケモンだ。

7 たかさ・おもさ
ポケモンの「たかさ」と「おもさ」だよ。

8 かいせつ
ポケモンの特ちょうや、習せいなどが書いてある。

9 とくいわざ
ポケモンがおぼえるわざ。たいていのポケモンは、ほかにもいろんなわざが使える。

10 しんか
ポケモンの進化が書いてある。進化前や進化後のポケモンの、名前やすがたがのっているよ。赤いかっこでかこまれているのが、そのページのポケモンだ。進化しないポケモンは「進化しない」と書かれているよ。

(5)

アーケオス　ARCHEOS

さいこどりポケモン
イッシュずかん No.073

タイプ	いわ / ひこう
とくせい	よわき………
たかさ	1.4m
おもさ	32.0kg

かいせつ

飛ぶよりも、走る方がとく意。自動車にも負けないスピードで走り回る。なかまときょう力してえものをしとめる。

とくいわざ

とんぼがえり、いわなだれ、ドラゴンクロー

●地上で助走をつけてから、飛び立つ。

しんか

アーケン → アーケオス

アーケン ARCHEN

さいことりポケモン
イッシュずかん No.072

タイプ	いわ / ひこう
とくせい	よわき………
たかさ	0.5m
おもさ	9.5kg

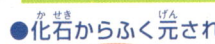
●化石からふく元されたポケモン。

かいせつ

とりポケモンのそ先と言われている。空を飛ぶことはできず、木のえだからえだへとびうつって、生活していたらしい。

とくいわざ

ついばむ、げんしのちから、りゅうのいぶき

しんか

アーケン →
アーケオス

(7)

アイアント AIANT

てつアリポケモン

イッシュずかん No.138

タイプ	むし はがね
とくせい	むしのしらせ はりきり
たかさ おもさ	0.3m 33.0kg

かいせつ

天てきのクイタランのこうげきを、集だんでふせいで反げきする。山をほって、ふくざつに入り組んだトンネルのすあなを作る。

● はがねのよろいを身にまとっている。

とくいわざ

むしくい、アイアンヘッド、シザークロス

しんか

アイアント — 進化しない

アギルダー AGILDER

からぬけポケモン
イッシュずかん No.123

タイプ	むし ………
とくせい	うるおいボディ ねんちゃく
たかさ おもさ	0.8m 25.3kg

かいせつ

体がかわくと弱ってしまうので、うすいまくをたくさんまいて体を守っている。忍者のような身のこなしで戦うぞ。

とくいわざ

スピードスター、とんぼがえり、いのちがけ

● 口からどくのえき体をとばす。

● 重いからをぬいで、身軽になった。

しんか

 チョボマキ →  アギルダー

(9)

アバゴーラ　ABAGOURA

こだいがめポケモン	
イッシュずかん	No.071
タイプ	みず / いわ
とくせい	ハードロック / がんじょう
たかさ おもさ	1.2m 81.0kg

かいせつ

海と、りく地で生活する。アゴの力が、けたちがいに強い。えものといっしょに、鉄こつや岩も、かみくだいて食べてしまうのだ。

とくいわざ

うちおとす、アクアテール、いわなだれ

● はり手は、タンカーの船ぞこにあなを開けるほど強い。

しんか

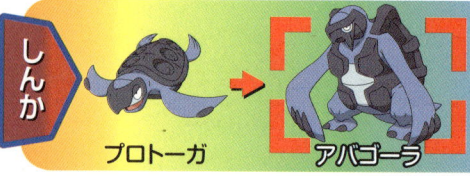

プロトーガ → アバゴーラ

イシズマイ
ISHIZUMAI

いしやどポケモン
イッシュずかん No.063

タイプ	むし / いわ
とくせい	がんじょう / シェルアーマー
たかさ	0.3m
おもさ	14.5kg

●石をこわされると、代わりの石が見つかるまで落ち着かない。

かいせつ
石をとかすえき体を、口から出す。かたい石でもかんたんにあなを開けられるので、手ごろな石にあなを開けてすみかにする。

とくいわざ
うちおとす、むしくい、ステルスロック、いわなだれ

しんか
 →
イシズマイ　　イワパレス

(11)

イワパレス
IWAPALACE

いわやどポケモン
イッシュずかん No.064

タイプ	むし / いわ
とくせい	がんじょう / シェルアーマー
たかさ	1.4m
おもさ	200.0kg

かいせつ
イワパレス同し、なわばりをめぐってはげしく戦う。岩をこわされた方が負け。重い岩をせ負って、何日でもいどうできるほど足の力が強い。

とくいわざ
きりさく、シザークロス、じたばた、がんせきほう

●手足をちぢめて、身を守る。

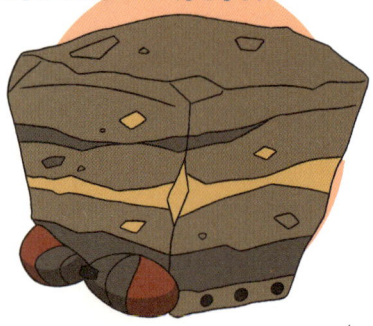

しんか

  →

イシズマイ　　イワパレス

ウォーグル

WARRGLE

ゆうもうポケモン
イッシュずかん No.134

タイプ	ノーマル / ひこう
とくせい	するどいめ / ちからずく
たかさ / おもさ	1.5m / 41.0kg

かいせつ

なかまのために、きけんをかえりみずに戦う大空の戦士。体のきずが多いほど、なかまからそんけいされる。

とくいわざ

ブレイククロー、ブレイブバード、あばれる

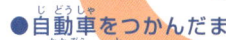
●自動車をつかんだまま、大空を飛べる。

しんか

ワシボン → ウォーグル

ウルガモス ULGAMOTH

たいようポケモン
イッシュずかん No.143

タイプ	むし / ほのお
とくせい	ほのおのからだ ………
たかさ おもさ	1.6m 46.0kg

かいせつ

火山ばいで地上が真っ暗になったとき、ウルガモスのほのおが、太陽の代わりになったという。

● 6まいのハネから、火のこのりんぷんをまきちらす。

とくいわざ

ねっぷう、いかりのこな、ほのおのまい

しんか

メラルバ → ウルガモス

(14)

エモンガ

EMONGA

	モモンガポケモン
	イッシュずかん No.093
タイプ	でんき / ひこう
とくせい	せいでんき ………
たかさ おもさ	0.4m 5.0kg

かいせつ

ほほの電気ぶくろで作った電気を、マントのようなまくの内がわにためる。風に乗って空を飛びながら、まくから電気を放つ。

とくいわざ

スパーク、アクロバット、ボルトチェンジ

●森の木の上でくらす。

しんか

エモンガ — 進化しない

エルフーン　ELFUUN

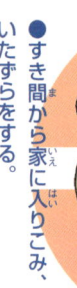

かぜかくれポケモン
イッシュずかん No.053

タイプ	くさ ………
とくせい	いたずらごころ すりぬけ
たかさ おもさ	0.7m 6.6kg

かいせつ

つむじ風に乗ってあらわれ、どんなに細いすき間でも、風のようにくぐりぬけてしまう。白い毛玉を、のこしていく。

とくいわざ

わたほうし、おいかぜ、ぼうふう

● すき間から家に入りこみ、いたずらをする。

(後ろすがた)

しんか

モンメン → エルフーン

エンブオー

ENBUOH

おおひぶたポケモン
イッシュずかん No.006

タイプ	ほのお かくとう
とくせい	もうか ………
たかさ おもさ	1.6m 150.0kg

かいせつ

あごのほのおで、こぶしをもやして、ほのおのパンチをくり出す。パワーとスピードの両方がある、かくとうわざを身につけている。

● ほのおのあごひげをたくわえる。

とくいわざ

かえんほうしゃ、もろはのずつき、フレアドライブ

しんか

ポカブ → チャオブー → エンブオー

オーベム OHBEM

ブレインポケモン
イッシュずかん **No.112**

タイプ	エスパー ………
とくせい	テレパシー シンクロ
たかさ おもさ	1.0m 34.5kg

かいせつ

相手の記おくを変えられる。サイコパワーで相手ののうみそをあやつり、おぼえている場面をちがうものに変えてしまうのだ。

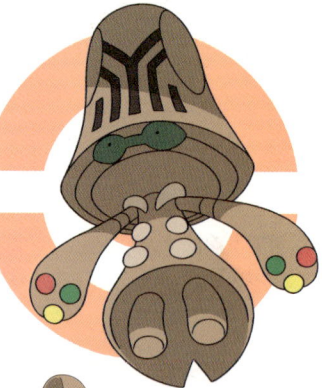

●3色の指を点めつさせて、なかまと会話するらしい。

とくいわざ

サイコキネシス、じこさいせい、シンクロノイズ

しんか

 →

リグレー　　　オーベム

(18)

オタマロ

OTAMARO

おたまポケモン
イッシュずかん No.041

タイプ	みず ………
とくせい	すいすい うるおいボディ
たかさ おもさ	0.5m 4.5kg

かいせつ

きけんがせまると、ほほをふるわせてかん高い音を出し、なかまに知らせる。ほほから出る音波のリズムで、なかまと会話する。

とくいわざ

あわ、ちょうおんぱ、バブルこうせん

● ほほをふるわせて、人には聞こえない音を出す。

しんか

オタマロ → ガマガル → ガマゲロゲ

オノノクス

ONONOKUS

あごオノポケモン
イッシュずかん No.118

タイプ	ドラゴン
	………
とくせい	とうそうしん かたやぶり
たかさ おもさ	1.8m 105.5kg

かいせつ

やさしいせいかくだが、なわばりをあらす者には、鉄を切るほど強いキバでいどみかかる。体は、かたいよろいにおおわれている。

●キバは、鉄こつを切ってもこわれない。

とくいわざ

ハサミギロチン、げきりん、ギガインパクト

しんか

キバゴ → オノンド → オノノクス

カブルモ　KABURUMO

かぶりつきポケモン
イッシュずかん　No.094

タイプ	むし ………
とくせい	むしのしらせ / だっぴ
たかさ / おもさ	0.5m / 5.9kg

かいせつ

チョボマキをねらっているポケモン。チョボマキといっしょにいるときに、電気てきなしげきを受けると、進化するよ。

とくいわざ

れんぞくぎり、みねうち、むしのさざめき

●口から、酸性のえき体を飛ばして、てきを追いはらう。

しんか

カブルモ → シュバルゴ

ガマガル　GAMAGARU

しんどうポケモン
イッシュずかん No.042

タイプ	みず / じめん
とくせい	すいすい / うるおいボディ
たかさ	0.8m
おもさ	17.0kg

かいせつ
水中と地上の両方で、生活する。頭のコブをふるわせると、水中が波立つだけでなく、地面も地しんのようにゆれるのだ。

とくいわざ
マッドショット、アクアリング、だくりゅう

●長くネバネバしたベロをからめて、えものをとらえる。

しんか
オタマロ → ガマガル → ガマゲロゲ

ガマゲロゲ

GAMAGEROGE

しんどうポケモン
イッシュずかん No.043

タイプ	みず / じめん
とくせい	すいすい どくしゅ
たかさ おもさ	1.5m 62.0kg

● 頭のコブから、てきの神けいを マヒさせるえき体を飛ばす。

かいせつ

こぶしのコブをふるわせると、パンチのい力が二倍になる。一げきで、大岩をこなごなにくだくぞ。

とくいわざ

ようかいえき、ドレインパンチ、ハイドロポンプ

しんか

オタマロ → ガマガル → ガマゲロゲ

(24)

ガントル

GANTLE

こうせきポケモン
イッシュずかん No.031

タイプ	いわ ………
とくせい	がんじょう ………
たかさ	0.9m
おもさ	102.0kg

● パワーがみなぎると、けっしょうが光りかがやく。

かいせつ
体についているオレンジ色のけっしょうは、体の中から出たエネルギーがかたまったものだよ。ほらあなで、地下水をさがしている。

とくいわざ
うちおとす、パワージェム、いわなだれ

（真上から見たところ）

しんか

 ダンゴロ →  ガントル →  ギガイアス

(25)

ギアル

GIARU

はぐるまポケモン
イッシュずかん　No.105

タイプ	はがね ………
とくせい	プラス マイナス
たかさ おもさ	0.3m 21.0kg

かいせつ

2つの体は、組み合わせが決まっている。2つの体がかみ合って回転することで、生きるエネルギーを作り出しているよ。

とくいわざ

でんきショック、ギアソーサー、ボディパージ

●別の組み合わせになると、かみ合わずにはなれてしまう。

（後ろすがた）

しんか

ギアル → ギギアル → ギギギアル

ギガイアス

GIGAIATH

こうあつポケモン
イッシュずかん No.032

タイプ	いわ ………
とくせい	がんじょう ………
たかさ	1.7m
おもさ	260.0kg

●オレンジ色のけっしょうで、太陽光線のエネルギーを取りこむ。

かいせつ

太陽光線のエネルギーを、体内のコアでおしかためて強化し、口からうち出す。そのいきおい力は、山をふき飛ばすほどだ。

とくいわざ

ステルスロック、ストーンエッジ、だいばくはつ

しんか

ダンゴロ → ガントル → ギガイアス

(27)

ギギアル

GIGIARU

はぐるまポケモン
イッシュずかん No.106

タイプ	はがね ………
とくせい	プラス マイナス
たかさ おもさ	0.6m 51.0kg

かいせつ

高速回転させたちびギアをはじき飛ばして、相手をこうげきする。飛ばしたちびギアがもどって来れないときは、ピンチだ。

● 回転方向を変えて、なかまに気持ちをつたえる。

● おこると、回転が速くなる。

とくいわざ

ミラーショット、ほうでん、きんぞくおん

しんか

ギアル → ギギアル → ギギギアル

ギギギアル

GIGIGIARU

	はぐるまポケモン	
	イッシュずかん	No.107
タイプ	はがね ………	
とくせい	プラスマイナス	
たかさ おもさ	0.6m 81.0kg	

かいせつ

赤いコアのついたギアを高速回転させて、エネルギーをす早くためる。ためたエネルギーを、トゲからまわりにうち出すぞ。

とくいわざ

ギアチェンジ、でんじほう、はかいこうせん

●赤いコアは、エネルギーをためるタンク。

しんか

ギアル → ギギアル → ギギギアル

(29)

キバゴ

KIBAGO

キバポケモン
イッシュずかん No.116

タイプ	ドラゴン ………
とくせい	とうそうしん かたやぶり
たかさ おもさ	0.6m 18.0kg

かいせつ

キバで木にきずをつけて、なわばりの目じるしにする。キバはおれてもすぐに生え、生えかわるたびに、強くするどくなる。

とくいわざ

りゅうのいかり、きりさく、ドラゴンクロー

●キバで、木の実をくだいて食べる。

しんか

キバゴ → オノンド → オノノクス

(30)

キュレム

KYUREM

きょうかいポケモン	イッシュずかん No.152
タイプ	ドラゴン / こおり
とくせい	プレッシャー ………
たかさ	3.0m
おもさ	325.0kg

かいせつ

強力なれいとうエネルギーを、体内で作り出せる。しかし、もれ出したれい気で、自分の体がこおってしまっているのだ。

とくいわざ

こごえるせかい、りゅうのはどう、げきりん

● きわめてひくい温度の空気を作り出せる。

しんか

キュレム

進化しない

(31)

キリキザン

KIRIKIZAN

とうじんポケモン	
イッシュずかん	No.131
タイプ	あく / はがね
とくせい	まけんき / せいしんりょく
たかさ おもさ	1.6m / 70.0kg

かいせつ

コマタナのむれをひきいている。ボスのざをめぐって、キリキザン同しで戦う。負けると、むれを追い出されるのだ。

●コマタナにえものを追いつめさせ、自らとどめをさす。

とくいわざ

つじぎり、アイアンヘッド、ハサミギロチン

しんか

コマタナ → キリキザン

(32)

クイタラン

KUITARAN

アリクイポケモン	
イッシュずかん	No.137

タイプ	ほのお ………
とくせい	くいしんぼう もらいび
たかさ おもさ	1.4m 58.0kg

かいせつ

アイアントの天てき。高温でもえるほのおのベロで、アイアントのはがねの体をとかし、中身をいただくのだ。

とくいわざ

ほのおのうず、かえんほうしゃ、れんごく

●しっぽのあなから空気をすって、体内でほのおをもやす。

しんか

クイタラン — 進化しない

クマシュン KUMASYUN

ひょうけつポケモン
イッシュずかん No.119

タイプ	こおり ………
とくせい	ゆきがくれ ………
たかさ おもさ	0.5m 8.5kg

かいせつ
鼻水をすすってわざを出す。鼻水がわざのもとだ。具合が悪くなると鼻水が水っぽくなり、こおりわざのい力が落ちてしまうよ。

とくいわざ
こなゆき、がまん、こごえるかぜ、きりさく

いつも鼻水をたらしている。

しんか

クマシュン → ツンベアー

クリムガン CRIMGAN

ほらあなポケモン
イッシュずかん No.127

タイプ	ドラゴン
	‥‥‥‥
とくせい	さめはだ ちからずく
たかさ おもさ	1.6m 139.0kg

かいせつ
つばさで日光を受けて、体を温める。体温が下がると、動けなくなってしまうのだ。顔の皮ふは、岩よりかたいぞ。

●するどいツメで、えものをつかまえる。

とくいわざ
ドラゴンクロー、ドラゴンテール、げきりん

しんか

クリムガン　　進化しない

(35)

クルマユ / KURUMAYU

はごもりポケモン
イッシュずかん No.047

タイプ	むし / くさ
とくせい	リーフガード / ようりょくそ
たかさ	0.5m
おもさ	7.3kg

かいせつ

クルマユが森の落ち葉をえいよう分に変えるので、クルマユの住む森は草木がよく育つのだ。葉っぱで体をつつんで、寒さをふせぐ。

とくいわざ

むしくい、はっぱカッター、まもる

●落ち葉を食べながら、森をいどうする。

しんか

クルミル

→

クルマユ

→

ハハコモリ

クルミル

KURUMIRU

さいほうポケモン
イッシュずかん No.046

タイプ	むし / くさ
とくせい	むしのしらせ / ようりょくそ
たかさ	0.3m
おもさ	2.5kg

かいせつ
自分で服を作るポケモン。葉っぱをかみ切り、口からねばり気のある糸を出して、ぬい合わせるのだ。頭をフードでかくしてねるよ。

●タマゴからかえったときは、ハハコモリが服を作って、着せてくれる。

とくいわざ
むしくい、いとをはく、むしのていこう

しんか
クルミル → クルマユ → ハハコモリ

(37)

ケンホロウ　KENHALLOW

プライドポケモン
イッシュずかん No.027

タイプ	ノーマル / ひこう
とくせい	はとむね / きょううん
たかさ	1.2m
おもさ	29.0kg

かいせつ

オスは、頭のかざりをゆらして相手をおどす。メスの方がオスよりも、飛ぶのう力が高い。トレーナーにしか、なつかない。

とくいわざ

かまいたち、おいかぜ、ゴッドバード

●オスとメスで、すがたがちがっている。

（メス）　（オス）

しんか

マメパト　→　ハトーボー　→　ケンホロウ

コアルヒー KOARUHIE

みずどりポケモン
イッシュずかん No.086

タイプ	みず / ひこう
とくせい	するどいめ / はとむね
たかさ	0.5m
おもさ	5.5kg

かいせつ

大すきな水ゴケを食べるために水中を泳ぎ回る。てきにおそわれると全身の羽毛から水しぶきを出し、水けむりにまぎれてにげる。

とくいわざ

つばさでうつ、バブルこうせん、フェザーダンス

●水中にもぐるのが、とく意。

しんか

コアルヒー → スワンナ

ココロモリ

KOKOROMORI

きゅうあいポケモン
イッシュずかん No.034

タイプ	エスパー / ひこう
とくせい	てんねん / ぶきよう
たかさ	0.9m
おもさ	10.5kg

かいせつ

いろいろな音波を、鼻のあなから発しゃする。オスはすきなメスに向かって、超音波を出す。それをあびると、楽しい気分になるよ。

とくいわざ

めいそう、エアスラッシュ、サイコキネシス

● 鼻のあなから、岩をはかいする音波も出す。

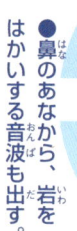

しんか

コロモリ → ココロモリ

コジョフー

KOJOFU

ぶじゅつポケモン
イッシュずかん No.125

タイプ	かくとう ………
とくせい	せいしんりょく さいせいりょく
たかさ おもさ	0.9m 20.0kg

かいせつ

はなやかで流れるようなれんぞくこうげきをくり出して、てきをたおす。せい神とう一すると、わざのするどさとスピードがますぞ。

●するどいツメで、てきを切りさく。

とくいわざ

はっけい、ドレインパンチ、とびげり

しんか

コジョフー
→

コジョンド

(41)

コジョンド

KOJONDO

ぶじゅつポケモン	
イッシュずかん	No.126
タイプ	かくとう ………
とくせい	せいしんりょく さいせいりょく
たかさ おもさ	1.4m 35.5kg

かいせつ

うでに生えている長い体毛を、てきにたたきつけて戦う。両うでのこうげきは、目にも止まらぬ速さだ。

●うでの毛をムチのようにあつかう。

とくいわざ

とびひざげり、きしかいせい、はどうだん

しんか

コジョフー → コジョンド

(42)

ゴチミル

GOTHIMIRU

あやつりポケモン
イッシュずかん No.081

タイプ	エスパー
とくせい	おみとおし
たかさ	0.7m
おもさ	18.0kg

かいせつ

さいみんじゅつで、ポケモンや人をあやつる。ゴチミルにねむらされて、つれ去られる昔話が、いろいろな地方にのこっているよ。

とくいわざ

サイコショック、おだてる、みらいよち

●星明かりが、パワーのみなもと。

しんか

ゴチム

ゴチミル

ゴチルゼル

ゴチム

GOTHIMU

ぎょうしポケモン
イッシュずかん No.080

タイプ	エスパー ....
とくせい	おみとおし ....
たかさ	0.4m
おもさ	5.8kg

かいせつ

リボンのようなしょっ角で、サイコパワーを大きくする。ポケモンやトレーナーを、じっとかんさつする。

とくいわざ

ねんりき、うそなき、サイケこうせん、だましうち

●ゴチムにしか見えない何かを、じっと見つめているらしい。

しんか　ゴチム → ゴチミル → ゴチルゼル

(44)

ゴチルゼル

GOTHIRUSELLE

てんたいポケモン
イッシュずかん No.082

タイプ	エスパー
	……
とくせい	おみとおし ……
たかさ	1.5m
おもさ	44.0kg

かいせつ

強力なサイコパワーで、まわりの空間をねじまげて、何万光年も遠くの星空をうつしだすことができる。

とくいわざ

サイコキネシス、テレキネシス、マジックルーム

●星の場所や動きから、未来のできごとを予知できる。

しんか

 →  →

ゴチム　　ゴチミル　　ゴチルゼル

コバルオン COBALON

てっしんポケモン
イッシュずかん **No.144**

タイプ	はがね / かくとう
とくせい	せいぎのこころ ………
たかさ	2.1m
おもさ	250.0kg

かいせつ

いつも落ち着いて、けっしてあわてない。はがねの体と心を持つ。にらむだけで、きょうぼうなポケモンも、したがわせてしまう。

●ポケモンを守るため人間とあらそった、伝説のポケモン。

とくいわざ

アイアンヘッド、せいなるつるぎ、メタルバースト

しんか / コバルオン / 進化しない

ゴビット GOBIT

ゴーレムポケモン
イッシュずかん No.128

タイプ	じめん / ゴースト
とくせい	てつのこぶし / ぶきよう
たかさ / おもさ	1.0m / 92.0kg

かいせつ

体内でもえているエネルギーを使って、活動をしている。もえているのがどんなエネルギーなのかは、まだわかっていない。

とくいわざ

シャドーパンチ、てっぺき、マグニチュード

●まぼろしの古代文明の科学で、生み出されたらしい。

●頭と手足を引っこめて、身を守る。

しんか

ゴビット → ゴルーグ

(47)

コマタナ KOMATANA

はものポケモン
イッシュずかん No.130

タイプ	あく / はがね
とくせい	まけんき / せいしんりょく
たかさ おもさ	0.5m / 10.2kg

かいせつ

キリキザンの命れいで戦う。えものにしがみつき、刃を食いこませていためつける。戦いで刃がかけると、川原の石で刃をとぐよ。

とくいわざ

だましうち、メタルクロー、ダメおし

●全身が、刃物のポケモン。

しんか

 →

コマタナ → キリキザン

(48)

ゴルーグ GOLOOG

ゴーレムポケモン
イッシュずかん No.129

タイプ	じめん ゴースト
とくせい	てつのこぶし ぶきよう
たかさ おもさ	2.8m 330.0kg

かいせつ

むねのふういんをはがすと、エネルギーがぼう走する。古代人から、人やポケモンを守るように命れいされているらしい。

● マッハ（音がつたわる速さ）のスピードで空を飛ぶ。

とくいわざ

のろい、じしん、アームハンマー

しんか

ゴビット → ゴルーグ

(49)

コロモリ

KOROMORI

こうもりポケモン
イッシュずかん No.033

タイプ	エスパー / ひこう
とくせい	てんねん / ぶきよう
たかさ	0.4m
おもさ	2.1kg

かいせつ

暗（くら）い森（もり）やほらあなでくらしている。ほらあなのかべに、鼻（はな）のあなですいついてねむるので、すいついた場所（ばしょ）にハート形（がた）のあとがのこるよ。

●鼻（はな）のあなから超音波（ちょうおんぱ）を出（だ）して、あたりの様子（ようす）をさぐる。

とくいわざ

かぜおこし、ハートスタンプ、エアカッター

しんか

コロモリ →
ココロモリ

(50)

サザンドラ

SAZANDORA

きょうぼうポケモン
イッシュずかん No.141

タイプ	あく
	ドラゴン
とくせい	ふゆう
	………
たかさ	1.8m
おもさ	160.0kg

かいせつ

6まいの羽で空を飛びつづけ、動くものをてきと思いこんでおそいかかる。3つの頭ですべてを食べつくし、はかいしてしまう。

●きょうぼうな ポケモン。

とくいわざ

ドラゴンダイブ、ハイパーボイス、げきりん

●両うでの頭は、のうみそを持たない。

しんか

モノズ → ジヘッド → サザンドラ

シキジカ

SHIKIJIKA

きせつポケモン	
イッシュずかん	No.091
タイプ	ノーマル / くさ
とくせい	ようりょくそ / そうしょく
たかさ おもさ	0.6m 19.5kg

かいせつ

きせつの変わり目になると、体毛が野山の草と同じ色とにおいに変わる。てきからあらそう気持ちを感じると、草むらにかくれる。

とくいわざ

アロマセラピー、やどりぎのタネ、エナジーボール

(はるのすがた)

● きせつをつげるポケモン。

シビシラス

SHIBISHIRASU

でんきうおポケモン
イッシュずかん No.108

タイプ	でんき ········
とくせい	ふゆう ········
たかさ おもさ	0.2m 0.3kg

かいせつ
体の中で電気をつくれる。1ぴきのつくる電力は小さいが、たくさんのシビシラスがつながると、かみなりと同じ力になる。

とくいわざ
でんじは、スパーク、チャージビーム

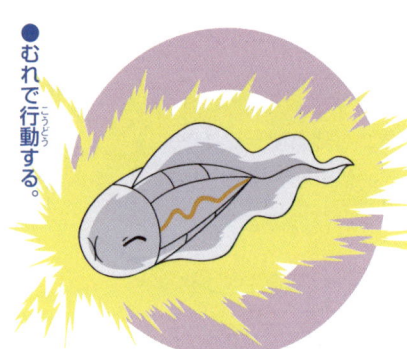

● むれで行動する。

● ピンチになると発電する。

しんか

シビシラス → シビビール → シビルドン

シビビール

SHIBIBEEL

でんきうおポケモン
イッシュずかん No.109

タイプ	でんき ········
とくせい	ふゆう ········
たかさ おもさ	1.2m 22.0kg

アカサシタナハマヤラワ

かいせつ

さかんな食よくを持つポケモン。えものを見つけるとおそいかかり、相手にまきついて、電気でしびれさせてから食べる。

●丸いもようが、発電きかん。

とくいわざ

かみくだく、10まんボルト、ワイルドボルト

しんか

シビシラス → シビビール → シビルドン

シビルドン
SHIBIRUDON

でんきうおポケモン
イッシュずかん No.110

タイプ	でんき ………
とくせい	ふゆう ………
たかさ	2.1m
おもさ	80.5kg

●口は、きゅうばんのようにすいつく。

かいせつ
水べにいるえものにおそいかかり、一しゅんで海へ引きずりこむ。えものにすいつき、キバから電気を流して感電させるぞ。

とくいわざ
ブレイククロー、ようかいえき、ほうでん

●うでの力で、海からはい出す。

しんか

シビシラス → シビビール → シビルドン

(56)

ジヘッド 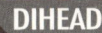DIHEAD

らんぼうポケモン
イッシュずかん **No.140**

タイプ	あく / ドラゴン
とくせい	はりきり ………
たかさ おもさ	1.4m 50.0kg

かいせつ

2つの頭が、あらそうようにエサを食べるので、いつも食べすぎる。なわばりのエサを食べつくすと、ほかの土地へうつる。

とくいわざ

かみくだく、りゅうのはどう、ドラゴンダイブ

●2つの頭は、なかが悪い。

しんか

モノズ → ジヘッド → サザンドラ

(57)

シママ SHIMAWA

たいでんポケモン
イッシュずかん No.028

タイプ	でんき
とくせい	ひらいしん でんきエンジン
たかさ おもさ	0.8m 29.8kg

かいせつ

空（そら）がかみなり雲（ぐも）でおおわれると、あらわれる。たてがみでかみなりを受（う）け止（と）めて、電気（でんき）をためる。電気（でんき）を出（だ）すと、たてがみが光（ひか）るよ。

とくいわざ

でんこうせっか、でんげきは、でんじは

●たてがみを光（ひか）らせて、なかまと気持（きも）ちをつたえ合（あ）う。

しんか

シママ → ゼブライカ

ジャノビー　JANOVY

くさへびポケモン
イッシュずかん No.002

タイプ	くさ ………
とくせい	しんりょく ………
たかさ おもさ	0.8m 16.0kg

● 地面を、すべるように走る。

かいせつ
す早(ばや)い動(うご)きでてきをまどわせ、つるのムチでしとめる。生(お)いしげった草木(くさき)のかげをくぐりぬけて、てきのこうげきをさけるよ。

とくいわざ
つるのムチ、メガドレイン、リーフブレード

しんか

ツタージャ → ジャノビー → ジャローダ

ジャローダ JALORDA

ロイヤルポケモン	
イッシュずかん	No.003
タイプ	くさ ………
とくせい	しんりょく ………
たかさ おもさ	3.3m 63.0kg

かいせつ

頭を高く上げ、えらそうに相手をおどしつける。にらむだけで、相手の動きを止めてしまう。強いてきと戦うときだけ、本気を出す。

とくいわざ

とぐろをまく、ギガドレイン、リーフストーム

●太陽エネルギーを、体内で大きくふやす。

しんか

ツタージャ → ジャノビー → ジャローダ

シャンデラ / CHANDELA

いざないポケモン
イッシュずかん No.115

タイプ	ゴースト / ほのお
とくせい	もらいび / ほのおのからだ
たかさ	1.0m
おもさ	34.3kg

かいせつ

シャンデラのほのおにつつまれると、たましいがすい取られ、もやされてしまう。あとには、ぬけがらの体だけがのこるのだ。

(後ろすがた)

とくいわざ

あやしいひかり、はじけるほのお、たたりめ

● うでのほのおをゆらして、相手をさいみんじょうたいにする。

しんか

 ヒトモシ →  ランプラー →  シャンデラ

シュバルゴ　CHEVARGO

きへいポケモン
イッシュずかん No.095

タイプ	むし / はがね
とくせい	むしのしらせ / シェルアーマー
たかさ おもさ	1.0m 33.0kg

かいせつ
高速で飛び回り、するどいやりで相手をつく。強い相手にも、ゆうかんに立ち向かう。チョボマキのからを身につけて、進化した。

●こう鉄のよろいが、全身をガードする。

とくいわざ
アイアンヘッド、シザークロス、ギガインパクト

しんか

カブルモ

→

シュバルゴ

シンボラー SYMBOLER

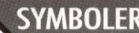

とりもどきポケモン
イッシュずかん No.067

タイプ	エスパー / ひこう
とくせい	ミラクルスキン / マジックガード
たかさ	1.4m
おもさ	14.0kg

かいせつ

古代都市を守っていた昔のことをおぼえているので、いつも同じ道順を飛ぶ。なわばりに入ってきと、サイコパワーで戦う。

とくいわざ

ふきとばし、サイケこうせん、シンクロノイズ

●古代都市の守り神。

しんか

シンボラー　進化しない

(63)

ズルズキン ZURUZUKIN

あくとうポケモン	
イッシュずかん	No.066
タイプ	あく / かくとう
とくせい	だっぴ / じしんかじょう
たかさ / おもさ	1.1m / 30.0kg

かいせつ

なわばりに入ってきた相手を、みんなでたたきのめす。キックこうげきは、コンクリートブロックをこわすほど強力だ。

とくいわざ

とびひざげり、きあいパンチ、もろはのずつき

- トサカの大きいものが、グループのリーダー。
- 口から、酸性のえき体を飛ばす。

しんか

ズルッグ → ズルズキン

(64)

ズルッグ

ZURUGGU

_	だっぴポケモン
イッシュずかん	No.065
タイプ	あく / かくとう
とくせい	だっぴ / じしんかじょう
たかさ / おもさ	0.6m / 11.8kg

かいせつ

ゴムのようにのびちぢみする皮を、首まで引き上げて身を守る。目が合った相手に、いきなり頭つきでこうげきする。

● 頭がいこつが、とてもかたい。

とくいわざ

だましうち、ずつき、いばる、かわらわり

しんか

ズルッグ →  ズルズキン

(65)

スワンナ SWANNA

しらとりポケモン
イッシュずかん No.087

タイプ	みず / ひこう
とくせい	するどいめ / はとむね
たかさ	1.3m
おもさ	24.2kg

かいせつ
夜明けとともに、おどり始める。むれの真ん中でおどるスワンナが、リーダーだ。クチバシのこうげきは、強烈つだぞ。

とくいわざ
はねやすめ、ブレイブバード、ぼうふう

●長い首をしならせて、てきをつつく。

しんか

コアルヒー
→

スワンナ

ゼクロム

ZEKROM

こくいんポケモン
イッシュずかん No.150

タイプ	ドラゴン
	でんき
とくせい	テラボルテージ………
たかさ	2.9m
おもさ	345.0kg

かいせつ

しっぽで電気をつくり出す。全身をかみなり雲にかくして、イッシュ地方の空を飛ぶ。神話に登場するポケモン。

とくいわざ

クロスサンダー、かみなり、げきりん

●しっぽの中に、電気をつくる大きな発電きを持つ。

しんか

ゼクロム

進化しない

(67)

ゼブライカ ZEBRAIKA

らいでんポケモン
イッシュずかん No.029

タイプ	でんき ....
とくせい	ひらいしん でんきエンジン
たかさ おもさ	1.6m 79.5kg

●いなずまのような、しゅん発力を持つ。

かいせつ
全速力で走ると、かみなりの音がひびきわたる。気しょうがはげしくて、おこるとたてがみから電げきをうちまくるので、きけんだ。

とくいわざ
スパーク、ふみつけ、ほうでん、ワイルドボルト

しんか

シママ
→

ゼブライカ

ゾロア ZORUA

わるぎつねポケモン
イッシュずかん No.076

タイプ	あく ………
とくせい	イリュージョン ………
たかさ	0.7m
おもさ	12.5kg

かいせつ

相手とそっくりのすがたに化けて、おどろかせる。自分の正体をかくすことで、きけんから身を守っているのだ。

●おとなしい子どもに化けることが多い。

とくいわざ

おいうち、だましうち、ちょうはつ、イカサマ

しんか

ゾロア → ゾロアーク

ゾロアーク ZOROARK

ばけぎつねポケモン
イッシュずかん No.077

タイプ	あく ………
とくせい	イリュージョン ………
たかさ	1.6m
おもさ	81.1kg

かいせつ

てきが近づくと、まぼろしのけしきを見せてすみかを守る。むれの安全のため、てきを化かすのだ。なかま同しの結びつきが強い。

とくいわざ

つじぎり、わるだくみ、ナイトバースト

●一度に大ぜいの人を化かす力を持つ。

しんか

ゾロア → ゾロアーク

ダイケンキ DAIKENKI

かんろくポケモン
イッシュずかん No.009

タイプ	みず ………
とくせい	げきりゅう ………
たかさ	1.5m
おもさ	94.6kg

● 前足で剣をつかんで、こうげきする。

かいせつ
前足のよろいの一部が、大きな剣になっている。剣の一ふりで、相手をたおす。ひとにらみするだけで、てきをだまらせるぞ。

とくいわざ
アクアテール、かたきうち、ハイドロポンプ

しんか
ミジュマル → フタチマル → ダイケンキ

アカサタナハマヤラワ

(71)

ダゲキ

DAGEKI

からてポケモン
イッシュずかん No.045

タイプ	かくとう ………
とくせい	がんじょう せいしんりょく
たかさ おもさ	1.4m 51.0kg

かいせつ

ダゲキがしゅ業する山から、大岩や大木にこぶしを打ちつける音が、聞こえてくる。しゅ業をジャマすると、おこるぞ。

とくいわざ

からてチョップ、かわらわり、かたきうち

●おびをしめると気合いが入り、パンチのはかい力がます。

しんか

ダゲキ

進化しない

ダストダス

DUSTDAS

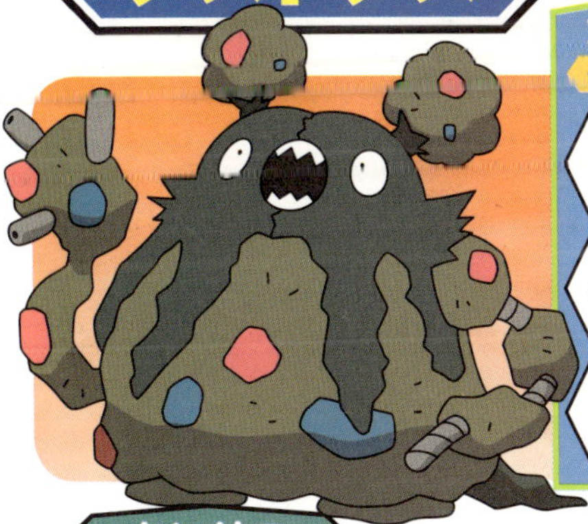

ゴミすてばポケモン

イッシュずかん No.075

タイプ	どく ………
とくせい	あくしゅう くだけるよろい
たかさ おもさ	1.9m 107.3kg

かいせつ

左うでで相手をしめつけて、口からはき出すどくガスでとどめをさす。右うでの指先からは、どくえきをふき出す。

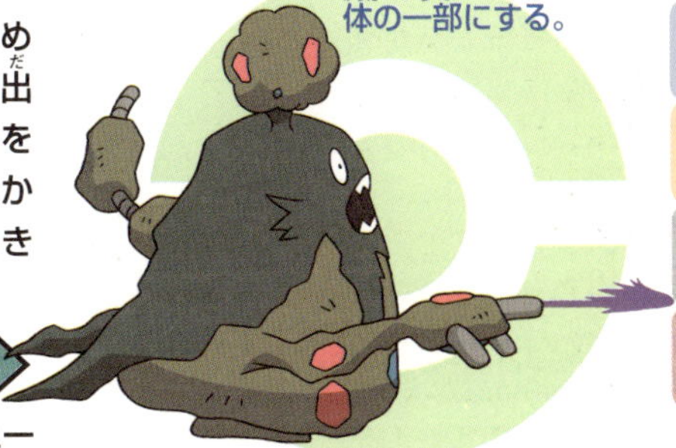

●ゴミをすいこんで、体の一部にする。

とくいわざ

どくどく、ダストシュート、だいばくはつ

しんか

ヤブクロン

→

ダストダス

ア カ サ タ ナ ハ マ ヤ ラ ワ

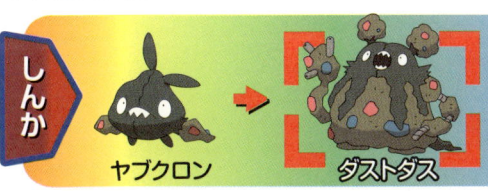

ダブラン DOUBLAN

ぶんかつポケモン
イッシュずかん No.084

タイプ	エスパー ………
とくせい	ぼうじん マジックガード
たかさ おもさ	0.6m 8.0kg

かいせつ

2つに分かれたのうみそを持っているので、いきなりそれまでとはちがう行動をとることがある。

●2つののうみそが同じことを考えると、さい大のパワーが出る。

とくいわざ

サイコショック、みらいよち、サイコキネシス

しんか

ユニラン → ダブラン → ランクルス

タブンネ TABUNNE

ヒヤリングポケモン
イッシュずかん No.037

タイプ	ノーマル ………
とくせい	いやしのこころ さいせいりょく
たかさ おもさ	1.1m 31.0kg

かいせつ
音を聞き取るのう力が、けたはずれに高い。かすかな音で、まわりの様子をレーダーのようにとらえるよ。

とくいわざ
リフレッシュ、ひみつのちから、いやしのはどう

●耳のしょっ角で相手にふれると、心ぞうの音から体調や気持ちがわかる。

しんか
タブンネ → 進化しない

タマゲタケ / TAMAGETAKE

きのこポケモン	
イッシュずかん	No.096
タイプ	くさ / どく
とくせい	ほうし ………
たかさ おもさ	0.2m 1.0kg

かいせつ

なぜかモンスターボールに、にているポケモン。つかまえようとしたてきに、どくほう子をふきかけて、げきたいする。

とくいわざ

メガドレイン、ねをはる、だましうち、どくどく

●モンスターボールににたもようで、えものをさそう。

しんか

タマゲタケ → モロバレル

ダルマッカ　DARUMAKKA

だるまポケモン
イッシュずかん　No.060

タイプ	ほのお ………
とくせい	はりきり ※せいしんりょく
たかさ おもさ	0.6m 37.5kg

※「せいしんりょく」は、かくれとくせい。

かいせつ
体内でもえているほのおが、もえさかっていると、落ち着きなく走り回る。ほのおが小さくなると、ねむる。

とくいわざ
やきつくす、ほのおのキバ、ほのおのパンチ

●フンは温かい。昔の人はカイロとして使っていた。

しんか
ダルマッカ → ヒヒダルマ

(77)

ダンゴロ DANGORO

マントルポケモン	
イッシュずかん	No.030
タイプ	いわ
とくせい	がんじょう
たかさ	0.4m
おもさ	18.0kg

かいせつ

六角形の耳を持つ。深い地面のそこでおしかためられた体は、鉄と同じくらいかたい。百年前の大地しんのときに、地われから発見された。

●体内に、エネルギーを生み出すコアを持つ。

とくいわざ

ずつき、ロックブラスト、どろかけ、てっぺき

しんか: ダンゴロ → ガントル → ギガイアス

(78)

チャオブー　CHAOBOO

ひぶたポケモン
イッシュずかん　No.005

タイプ	ほのお / かくとう
とくせい	もうか ………
たかさ おもさ	1.0m 55.5kg

かいせつ

食べたものをねんりょうにして、胃ぶくろでほのおをもやしている。体内のほのおがもえ上がると、動きが速く、するどくなる。

とくいわざ

ころがる、とっしん、ヒートスタンプ

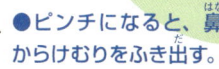

●ピンチになると、鼻からけむりをふき出す。

しんか

ポカブ → チャオブー → エンブオー

(79)

チュリネ　CHURINE

ねっこポケモン	
イッシュずかん	No.054
タイプ	くさ ………
とくせい	ようりょくそ マイペース
たかさ おもさ	0.5m 6.6kg

かいせつ

水とえいようのゆたかな土がすきなので、チュリネの住む土地は、作物がよく育つ。頭の葉っぱをかじると、つかれた体が元気になる。

とくいわざ

やどりぎのタネ、ねむりごな、マジカルリーフ

● 頭の葉っぱは、とても苦い。

しんか

チュリネ → ドレディア

チョボマキ　CHOBOMAKI

マイマイポケモン
イッシュずかん No.122

タイプ	むし ………
とくせい	うるおいボディ／シェルアーマー
たかさ／おもさ	0.4m／7.7kg

かいせつ

てきにおそわれると、からのふたをとじて身を守る。ふたのすき間から、ベトベトしたどくえきを飛ばすぞ。

とくいわざ

あくび、とける、のしかかり、むしのさざめき

● カブルモといっしょに電気てきなエネルギーをあびると、進化する。

しんか

チョボマキ → アギルダー

チョロネコ

CHORONEKO

しょうわるポケモン
イッシュずかん No.015

タイプ	あく ………
とくせい	じゅうなん かるわざ
たかさ おもさ	0.4m 10.1kg

かいせつ

かわいらしい仕草(しぐさ)で油(ゆ)だんさせて、そのすきに人(ひと)の物(もの)をぬすむ。かわいいので、ぬすまれた人(ひと)も、ついゆるしてしまうのだ。

とくいわざ

すなかけ、みだれひっかき、おいうち

●おこると、ツメを立(た)てて反(は)げきする。

しんか　チョロネコ → レパルダス

チラーミィ

CHILLARMY

チンチラポケモン
イッシュずかん No.078

タイプ	ノーマル ………
とくせい	メロメロボディ テクニシャン
たかさ おもさ	0.4m 5.8kg

● しっぽで、すみかのほこりをはらう。

かいせつ

しっぽでなかま同し、体をなであってあいさつをする。しっぽの手入れはかかさず、いつもきれいにしているよ。

とくいわざ

くすぐる、おうふくビンタ、スピードスター

しんか

チラーミィ → チラチーノ

(83)

チラチーノ / CHILLACCINO

スカーフポケモン
イッシュずかん No.079

タイプ	ノーマル ………
とくせい	メロメロボディ テクニシャン
たかさ おもさ	0.5m 7.5kg

かいせつ
白い毛は、特別なあぶらでおおわれているので、てきのこうげきを受け流す。ほこりや静電気も、よせつけないよ。

とくいわざ
てだすけ、うたう、スイープビンタ

●白い毛は、はだざわりがばつぐんによい。

しんか

チラーミィ → チラチーノ

(84)

ツンベアー **TUNBEAR**

とうけつポケモン
イッシュずかん No.120

タイプ	こおり ………
とくせい	ゆきがくれ ………
たかさ	2.6m
おもさ	260.0kg

かいせつ

はく息を思いどおりにこおらせて、氷のキバやツメを作って戦う。泳ぎがとく意で、北の海を泳ぎ回ってえものをつかまえる。

とくいわざ

つららおとし、ふぶき、ぜったいれいど

●北の寒い土地でくらす。

しんか

クマシュン
→

ツンベアー

(86)

デスカーン

DESUKARN

かんおけポケモン
イッシュずかん No.069

タイプ	ゴースト
	………
とくせい	ミイラ
	………
たかさ	1.7m
おもさ	76.5kg

かいせつ
近づいた人間を飲みこんで、ミイラにしてしまう、というウワサがある。立ぱなかんおけのふりをして、はかドロボウをこらしめる。

とくいわざ
こわいかお、シャドーボール、みちづれ

●体は、純金でおおわれている。

●金のかたまりを食べるのがすき。

しんか

デスマス → デスカーン

デスマス

DESUMASU

たましいポケモン	
イッシュずかん	No.068
タイプ	ゴースト ....
とくせい	ミイラ ....
たかさ おもさ	0.5m 1.5kg

かいせつ

古代のはかにうめられた人の、たましいから生まれた。マスクは、デスマスが人間だったときの顔なので、たまに見つめては、なく。

●持っているのが、マスク。

とくいわざ

たたりめ、おにび、あやしいかぜ、のろい

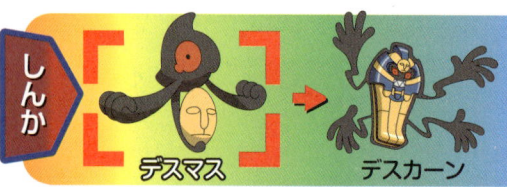

しんか　デスマス → デスカーン

テッシード TESSEED

とげのみポケモン
イッシュずかん No.103

タイプ	くさ / はがね
とくせい	てつのトゲ ………
たかさ	0.6m
おもさ	18.8kg

● ほらあなのかべに、トゲをつきさしてはりつく。

かいせつ
きけんを感じ取ると、トゲをいっせいに発しゃして、反げきする。相手がおどろいているすきに、転がってにげるよ。

とくいわざ
メタルクロー、ミサイルばり、ミラーショット

● トゲで、岩のせい分をすい取る。

しんか

テッシード → ナットレイ

テラキオン

TERRAKION

がんくつポケモン
イッシュずかん　No.145

タイプ	いわ
	かくとう
とくせい	せいぎのこころ………
たかさ おもさ	1.9m 260.0kg

かいせつ

人間同士の戦そうによって、すみかをうしなったポケモンたちを守るため、人間と戦った。伝説で語られるポケモン。

とくいわざ

いわなだれ、ストーンエッジ、インファイト

●きょ大なしろを、一げきでつきやぶるとっ進力を持つ。

しんか

テラキオン

進化しない

デンチュラ / DENTULA

でんきグモポケモン
イッシュずかん No.102

タイプ	むし / でんき
とくせい	ふくがん / きんちょうかん
たかさ	0.8m
おもさ	14.3kg

かいせつ

てきにおそわれると、電気をおびた糸をたくさんはき出して、電気のかべを作る。電気をおびた糸で、えものにワナをしかける。

とくいわざ

シグナルビーム、ほうでん、むしのさざめき

●6つの目を持つ。

しんか

バチュル → デンチュラ

ドッコラー DOKKORER

きんこつポケモン
イッシュずかん No.038

タイプ	かくとう ………
とくせい	こんじょう ちからずく
たかさ おもさ	0.6m 12.5kg

かいせつ

四角いざい木をふり回して戦う。重いざい木を苦もなく持つようになると、進化が近い。けんちくげん場で、工事を手つだうよ。

●いつも四角いざい木をかかえている。

とくいわざ

がまん、けたぐり、いわおとし、めざましビンタ

しんか

ドッコラー → ドテッコツ → ローブシン

ドテッコツ

DOTEKKOTSU

きんこつポケモン

イッシュずかん No.039

タイプ	かくとう ………
とくせい	こんじょう ちからずく
たかさ おもさ	1.2m 40.0kg

かいせつ

鉄こつをかついで、体をきたえている。きたえられたきん肉の体は、プロレスラーがたばになってこうげきしても、びくともしない。

●きたえたきん肉を、なかまと見せ合い、自まんする。

とくいわざ

なしくずし、ビルドアップ、ばくれつパンチ

しんか

ドッコラー → ドテッコツ → ローブシン

ドリュウズ

DORYUZU

ちていポケモン
イッシュずかん No.036

タイプ	じめん / はがね
とくせい	すなかき / すなのちから
たかさ / おもさ	0.7m / 40.4kg

かいせつ

ドリルは、鉄板をつらぬくはかい力を持ち、トンネル工事で大活やくする。地下100メートルに、めい路のようなすあなを作る。

とくいわざ

いわなだれ、じしん、ドリルライナー

● ドリルは、はがねに進化している。

しんか

モグリュー → ドリュウズ

(94)

トルネロス / TORNELOS

せんぷうポケモン
イッシュずかん No.147

タイプ	ひこう / ....
とくせい	いたずらごころ / ....
たかさ	1.5m
おもさ	63.0kg

かいせつ

トルネロスのしっぽからふき出すエネルギーは、民家をふき飛ばすパワーで、大あらしを起こす。時速300キロで空を飛ぶ。

とくいわざ

じんつうりき、おいかぜ、ぼうふう

下半身が、雲のようなエネルギー体につつまれている。

しんか

トルネロス

進化しない

ドレディア

DREDEAR

はなかざりポケモン
イッシュずかん No.055

タイプ	くさ ………
とくせい	ようりょくそ マイペース
たかさ おもさ	1.1m 16.3kg

● 手入れをなまけると、頭の花は、かれてしまう。

かいせつ

頭の花かざりのにおいをかぐと、ゆったりした気分になれるよ。美しい花をさかせるのは、ベテラントレーナーでもむずかしい。

とくいわざ

メガドレイン、こうごうせい、はなびらのまい

しんか

チュリネ

ドレディア

(96)

ナゲキ NAGEKI

じゅうどうポケモン
イッシュずかん No.044

タイプ	かくとう ………
とくせい	こんじょう せいしんりょく
たかさ おもさ	1.3m 55.5kg

● おびをしめると、パワーアップする。

かいせつ
自分よりも体の大きな相手を、投げたくなる習せいがある。野生のナゲキは、つる草をあんで、自分のおびを作る。

とくいわざ
あてみなげ、リベンジ、やまあらし、ともえなげ

● かならず5ひきでむれを作る。

しんか　ナゲキ　進化しない

(97)

ナットレイ

NUTREY

とげだまポケモン
イッシュずかん No.104

タイプ	くさ / はがね
とくせい	てつのトゲ ………
たかさ	1.0m
おもさ	110.0kg

かいせつ

3本のトゲがついたしょく手を、ふり回して戦う。ほらあなの天じょうにはりつき、下を通るえものにおそいかかる。

● はがねのトゲは、大岩をこなごなにする。

とくいわざ

パワーウィップ、アイアンヘッド、ラスターカノン

しんか

テッシード → ナットレイ

ハーデリア　HERDERRIE

ちゅうけんポケモン
イッシュずかん No.013

タイプ	ノーマル ………
とくせい	いかく すなかき
たかさ おもさ	0.9m 14.7kg

かいせつ

トレーナーの命れいを、かならず守るポケモン。大昔から、ポケモンを育てるトレーナーの手つだいをしてきた。

とくいわざ

ふるいたてる、かみくだく、ほえる

●マントのような、かたくて黒い毛で体を守っている。

しんか

ヨーテリー → ハーデリア → ムーランド

バイバニラ
BAIVANILLA

ブリザードポケモン	
イッシュずかん	No.090
タイプ	こおり ………
とくせい	アイスボディ ………
たかさ	1.3m
おもさ	57.5kg

かいせつ
2つの頭が同時におこると、ツノからもうふぶきをふき出し、てきを苦しめる。あたりを大雪でうめてしまう。

●水をたくさん飲んで、体内で雪雲を作る。

とくいわざ
れいとうビーム、ふぶき、ぜったいれいど

しんか
 バニプッチ →  バニリッチ →  バイバニラ

(100)

バオッキー BAOKKIE

ひのこポケモン
イッシュずかん No.020

タイプ	ほのお ………
とくせい	くいしんぼう ………
たかさ おもさ	1.0m 28.0kg

かいせつ
体の中でほのおをもやしている。あまいものが大すき。あまいものを食べると、体内のほのおをもやすエネルギーになるのだ。

とくいわざ
はじけるほのお、にらみつける、みだれひっかき

●頭やしっぽから、火のこをまきちらす。

しんか

バオップ

→

バオッキー

(101)

バオップ

BAOPPU

こうおんポケモン
イッシュずかん No.019

タイプ	ほのお ………
とくせい	くいしんぼう ………
たかさ	0.6m
おもさ	11.0kg

かいせつ

火山のほらあなでくらす。頭のふさの中が、300度の高温でもえている。おこると、ふさの中の温度は300度以上に上がるよ。

とくいわざ

やきつくす、あくび、かみつく、はじけるほのお

● 頭のふさで、木の実をやいて食べる。

しんか

バオップ → バオッキー

(102)

バスラオ
BASSRAO

らんぼうポケモン
イッシュずかん No.056

タイプ	みず ………
とくせい	すてみ てきおうりょく
たかさ おもさ	1.0m 18.0kg

（あかすじのすがた）

かいせつ
　赤と青のバスラオは、なかが悪くてすぐにケンカする。しかし、なぜかむれの中に、色のちがうバスラオが、まぎれこんでいるのだ。

●とてもらんぼうなポケモン。

（あおすじのすがた）

とくいわざ
かみくだく、アクアテール、すてみタックル

しんか　バスラオ　進化しない

(103)

バチュル

BACHURU

くっつきポケモン
イッシュずかん No.101

タイプ	むし / でんき
とくせい	ふくがん きんちょうかん
たかさ おもさ	0.1m 0.6kg

かいせつ

大きなポケモンに取りついて静電気をすい取り、ちく電ぶくろにためる。町でくらすバチュルは、家のコンセントから電気をすい取る。

● 目は、4つある。

とくいわざ

クモのす、エレキネット、むしくい、いえき

しんか

バチュル → デンチュラ

(104)

バッフロン
BUFFRON

ずつきうしポケモン
イッシュずかん No.132

タイプ	ノーマル ………
とくせい	すてみ そうしょく
たかさ おもさ	1.6m 94.6kg

かいせつ
見(み)さかいなくとっ進(しん)して、頭(ず)つきを食(く)らわせる。はげしい頭つきを食らわせても、ふさふさの体毛(たいもう)で、自分(じぶん)はダメージを受(う)けないぞ。

とくいわざ
アフロブレイク、あばれる、ギガインパクト

●頭(ず)つきは、列車(れっしゃ)をだっ線(せん)させるほど、はかい力(りょく)がある。

しんか

バッフロン

進化(しんか)しない

(105)

ハトーボー　HATOBOH

のばとポケモン
イッシュずかん　No.026

タイプ	ノーマル / ひこう
とくせい	はとむね / きょううん
たかさ	0.6m
おもさ	15.0kg

かいせつ

ハトーボーの住む森のおくには、あらそいのない平和な国があると、信じられている。

● どんなに遠くはなれても、トレーナーのもとにもどって来る。

とくいわざ

エアカッター、はねやすめ、エアスラッシュ

しんか

マメパト → ハトーボー → ケンホロウ

バニプッチ

VANIPETI

しんせつポケモン
イッシュずかん No.088

タイプ	こおり ………
とくせい	アイスボディ ………
たかさ おもさ	0.4m 5.7kg

かいせつ

朝日のエネルギーを あびたつららが、ポケ モンになった。マイナス 50度の息をはき、雪 のけっしょうを作って、 あたりに雪をふらせる。

とくいわざ

つららばり、こごえる かぜ、ゆきなだれ

●体を雪にうずめて、ねむる。

しんか

バニプッチ → バニリッチ → バイバニラ

バニリッチ

VANIRICH

ひょうせつポケモン
イッシュずかん No.089

タイプ	こおり ………
とくせい	アイスボディ ………
たかさ	1.1m
おもさ	41.0kg

かいせつ

雪山にすむポケモン。小さい氷のつぶをたくさん作り出して、自分のすがたを、てきの目からかくすよ。

大昔、氷が期のときに、南の土地にいどうしてきた。

とくいわざ

とける、れいとうビーム、あられ

しんか

バニプッチ → バニリッチ → バイバニラ

(108)

ハハコモリ

HAHAKOMORI

こそだてポケモン
イッシュずかん No.048

タイプ	むし / くさ
とくせい	むしのしらせ / ようりょくそ
たかさ / おもさ	1.2m / 20.5kg

● 落ち葉が出すねつで、タマゴを温める。

かいせつ

うでのカッターと、ねばり気のある糸で、小さいポケモンに葉っぱの服をぬってあげる。クルミルにも、葉っぱで服を作るよ。

とくいわざ

リーフブレード、シザークロス、リーフストーム

しんか

 →  →

クルミル　　クルマユ　　ハハコモリ

(109)

バルジーナ

VULGINA

ほねわしポケモン	
イッシュずかん	No.136
タイプ	あく / ひこう
とくせい	はとむね / ぼうじん
たかさ	1.2m
おもさ	39.5kg

●ほねで、着かざる習せいがある。

かいせつ

ほねを拾い集めて、すを作る。空から地上をかんさつし、弱ったえものにおそいかかる。えものをあしでつかみ、軽がるとすに運ぶよ。

とくいわざ

ボーンラッシュ、ブレイブバード、オウムがえし

しんか：バルチャイ → バルジーナ

(110)

バルチャイ VALCHAI

おむつポケモン
イッシュずかん No.135

タイプ	あく / ひこう
とくせい	はとむね / ぼうじん
たかさ おもさ	0.5m 9.0kg

かいせつ
手ごろなガイコツを見つけて、おしりを守る習せいがある。進化のときが近づくと、自分からガイコツをぬぎすてる。

とくいわざ
だましうち、きりばらい、あくのはどう

● つばさが小さいため、飛べない。

● 弱いポケモンを、追いかけ回す。

しんか
バルチャイ → バルジーナ

(111)

ヒトモシ / HITOMOSHI

ろうそくポケモン
イッシュずかん No.113

タイプ	ゴースト / ほのお
とくせい	もらいび / ほのおのからだ
たかさ	0.3m
おもさ	3.1kg

かいせつ

明かりをともして、道あん内をするように見せかけながら、人やポケモンの生命力をすい取っている。

●明かりは、生命力をすい取ってもえている。

とくいわざ

おにび、はじけるほのお、たたりめ、れんごく

しんか

ヒトモシ → ランプラー → シャンデラ

(113)

ヒヒダルマ HIHIDARUMA

えんじょうポケモン
イッシュずかん No.061

タイプ	ほのお ※1 エスパー
とくせい	ちからずく ※2 ダルマモード
たかさ おもさ	1.3m 92.9kg

※1 ダルマモードの間だけ、タイプが「ほのお・エスパー」になる。
※2 「ダルマモード」は、かくれとくせい。

かいせつ

ダンプカーをパンチでこわすほどのパワー。とくせいが「ダルマモード」のヒヒダルマは、戦いで弱ると岩のように動かなくなり、せい神力で戦う。

とくいわざ

フレアドライブ、ばかぢから、オーバーヒート

(ダルマモード)
●体内で1400度のほのおをもやしている。

しんか

ダルマッカ → ヒヒダルマ

ヒヤッキー HIYAKKIE

ほうすいポケモン
イッシュずかん No.022

タイプ	みず
とくせい	くいしんぼう
たかさ	1.0m
おもさ	29.0kg

アカサタナヒマヤラワ

かいせつ
頭のふさに水をためて、しっぽからいきおいよく水を飛ばす。その水の力は、コンクリートのかべもこわすほど。

とくいわざ
ねっとう、にらみつける、みだれひっかき

● 頭のふさの水がへると、しっぽで水をすい上げる。

しんか

ヒヤップ → ヒヤッキー

(115)

ヒヤップ

HIYAPPU

みずかけポケモン
イッシュずかん No.021

タイプ	みず ………
とくせい	くいしんぼう ………
たかさ おもさ	0.6m 13.5kg

●頭のふさにためた水は、えいようたっぷりで、植物を大きく育てる。

かいせつ

かんそうした場所に弱い。まわりがかわくと、頭のふさにためた水をしっぽからまいて、しめらせる。

とくいわざ

ひっかく、みずでっぽう、ねっとう

しんか

ヒヤップ → ヒヤッキー

ビリジオン VIRIZION

そうげんポケモン
イッシュずかん No.146

タイプ	くさ / かくとう
とくせい	せいぎのこころ ………
たかさ おもさ	2.0m 200.0kg

かいせつ

頭のツノは、するどい刃。つむじ風のような動きで、てきにす早く切りつける。伝説で語りつがれているポケモン。

とくいわざ

マジカルリーフ、ギガドレイン、リーフブレード

●なかまを守るため、人間に戦いをいどんだ。

しんか

ビリジオン 進化しない

フシデ FUSHIDE

ムカデポケモン
イッシュずかん No.049

タイプ	むし / どく
とくせい	どくのトゲ / むしのしらせ
たかさ / おもさ	0.4m / 5.3kg

かいせつ

とてもきょうぼうなポケモン。てきにかみついてもうどくをあたえる。大きなとりポケモンでも、体がしびれて動けなくなるぞ。

とくいわざ

どくばり、いやなおと、ポイズンテール

●頭としっぽのしょっ角で、まわりの様子をさぐる。

しんか

フシデ → ホイーガ → ペンドラー

フタチマル

FUTACHIMARU

しゅぎょうポケモン	
イッシュずかん	No.008
タイプ	みず
とくせい	げきりゅう
たかさ	0.8m
おもさ	24.5kg

アカサタナハマヤラワ

● ホタチの手入れを、かかさない。

かいせつ

流れるような動きで、2まいのホタチを刀のようにあつかう。1ぴきずつが、ちがうホタチさばきのわざを持っているぞ。

とくいわざ

シェルブレード、みずのはどう、リベンジ

しんか

 ミジュマル →  フタチマル →  ダイケンキ

(119)

フリージオ FREEGEO

けっしょうポケモン
イッシュずかん No.121

タイプ	こおり ………
とくせい	ふゆう ………
たかさ	1.1m
おもさ	148.0kg

かいせつ

雪雲の中で生まれたポケモン。体温が上がると、水じょう気になってすがたを消す。体温が下がると、元の氷にもどるよ。

● 氷のけっしょうでできたたくさんで、えものをつかまえる。

とくいわざ

オーロラビーム、れいとうビーム、リフレクター

しんか

フリージオ → 進化しない

(120)

プルリル PURURILL

ふゆうポケモン	イッシュずかん No.098
タイプ	みず / ゴースト
とくせい	ちょすい / のろわれボディ
たかさ / おもさ	1.2m / 33.0kg

(オス) (メス)

かいせつ

えものを、どくでしびれさせる。うすいベールのようなうでで、相手の体をしばりつけたまま、海のそこへしずんでいくのだ。

とくいわざ

バブルこうせん、じこさいせい、あやしいかぜ

● 8000メートルの深海に、すみかがあるという。

しんか

プルリル → ブルンゲル

(121)

プロトーガ PROTOGA

こだいがめポケモン
イッシュずかん No.070

タイプ	みず / いわ
とくせい	ハードロック / がんじょう
たかさ	0.7m
おもさ	16.5kg

かいせつ

古代の化石から、ふっ活したポケモン。深さ1000メートルの海までもぐれる。りく地へ上がって、えものをおそうこともある。

とくいわざ

アクアジェット、げんしのちから、しおみず

●およそ1おく年前の海を泳いでいた。

しんか　プロトーガ → アバゴーラ

ペンドラー / PENDROR

メガムカデポケモン
イッシュずかん No.051

タイプ	むし / どく
とくせい	どくのトゲ / むしのしらせ
たかさ	2.5m
おもさ	200.5kg

かいせつ

す早(ばや)い動(うご)きでてきを追(お)いつめ、頭(あたま)のツノでこうげきする。とてもこうげきてきなせいかくで、とどめをさすまで、ゆるさない。

●首(くび)のツメを相手(あいて)の体(からだ)に食(く)いこませて、どくを入(い)れる。

とくいわざ

バトンタッチ、ハードローラー、どくどく

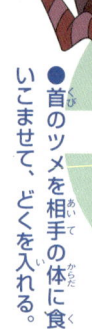

しんか

フシデ → ホイーガ → ペンドラー

(124)

ホイーガ

WHEEGA

まゆムカデポケモン
イッシュずかん No.050

タイプ	むし / どく
とくせい	どくのトゲ / むしのしらせ
たかさ	1.2m
おもさ	58.5kg

● かたいからに守られている。

かいせつ

ふだんはじっとして動かないが、てきにおそわれると、タイヤのように高速回転して走り回り、体当たりで反げきする。

とくいわざ

てっぺき、むしくい、ベノムショック

しんか

 → ホイーガ →

フシデ　　ホイーガ　　ペンドラー

(125)

ポカブ
POKABU

ひぶたポケモン

イッシュずかん	No.004
タイプ	ほのお ………
とくせい	もうか ………
たかさ おもさ	0.5m 9.9kg

かいせつ

てきのこうげきを身軽によけて、鼻から火の玉をうち出す。鼻からふいたほのおで、木の実をやいて食べるよ。

とくいわざ

たいあたり、ひのこ、ニトロチャージ

●カゼをひくと、鼻から真っ黒なけむりが出る。

しんか

 →  →

ポカブ　　チャオブー　　エンブオー

ボルトロス VOLTOLOS

らいげきポケモン
イッシュずかん No.148

タイプ	でんき / ひこう
とくせい	いたずらごころ ………
たかさ	1.5m
おもさ	61.0kg

かいせつ
イッシュ地方の空を飛び回り、かみなりを落とす。ボルトロスが通りすぎた土地には、かみなりの落ちたやけこげが数多くのこる。

とくいわざ
ほうでん、かみくだく、わるだくみ、かみなり

● しっぽのトゲから、電げきをうち出す。

しんか

ボルトロス

進化しない

マッギョ

MAGGYO

トラップポケモン
イッシュずかん No.124

タイプ	じめん / でんき
とくせい	せいでんき / じゅうなん
たかさ / おもさ	0.7m / 11.0kg

かいせつ

皮ふがかたく、海べのどろにうまって、えものを待ちかまえる。えものがさわったとき、電気を出してしびれさせるよ。

とくいわざ

どろばくだん、ほうでん、だくりゅう、じわれ

●電気を流すとき、わらい顔になる。

しんか

マッギョ → 進化しない

ママンボウ

MAMANBOU

かいほうポケモン
イッシュずかん No.100

タイプ	みず ………
とくせい	いやしのこころ うるおいボディ
たかさ おもさ	1.2m 31.6kg

かいせつ

ママンボウの体をおおうねんまくには、きずをなおす効果がある。きずついたポケモンを見つけると、だきかかえて岸まで運ぶよ。

とくいわざ

みずのはどう、しんぴのまもり、しおみず

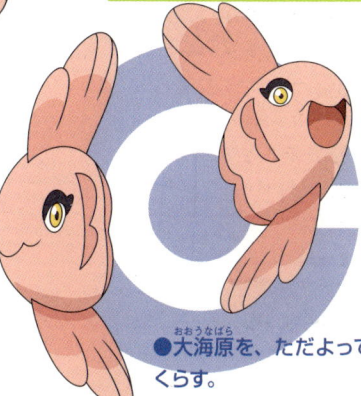

●大海原を、ただよってくらす。

しんか

ママンボウ → 進化しない

(129)

マメパト

MAMEPATO

こばとポケモン
イッシュずかん No.025

タイプ	ノーマル / ひこう
とくせい	はとむね きょううん
たかさ	0.3m
おもさ	2.1kg

● 町中でくらしている。

かいせつ

トレーナーの言うことをよく聞く。でも、むずかしい命れいは、わからないこともある。人なつっこくて、公園や広場に集まってくる。

とくいわざ

かぜおこし、なきごえ、でんこうせっか

しんか

マメパト → ハトーボー → ケンホロウ

マラカッチ

MARACACCHI

サボテンポケモン
イッシュずかん No.062

タイプ	くさ ········
とくせい	ちょすい ようりょくそ
たかさ おもさ	1.0m 28.0kg

●かわいた土地でくらす。

かいせつ

速いテンポのおどりと音で、花のタネをねらうとりポケモンを、追いはらう。体をリズミカルに動かすと、マラカスのような音がする。

とくいわざ

こうごうせい、ニードルアーム、はなびらのまい

しんか

マラカッチ

進化しない

(131)

ミジュマル

MIJUMARU

ラッコポケモン	
イッシュずかん	No.007
タイプ	みず ………
とくせい	げきりゅう ………
たかさ	0.5m
おもさ	5.9kg

かいせつ

おなかからホタチを外して、小刀のように使って戦う。相手のこうげきを受け止めてから、すかさず切りつけて反げきするのだ。

とくいわざ

たいあたり、みずでっぽう、きあいだめ

● おなかのホタチは、ツメと同じせい分だ。

しんか

ミジュマル → フタチマル → ダイケンキ

(132)

ミネズミ

MINEZUMI

みはりポケモン
イッシュずかん No.010

タイプ	ノーマル ………
とくせい	にげあし するどいめ
たかさ おもさ	0.5m 11.6kg

かいせつ
用心深いので、交たいですあなのまわりを見はりつづける。てきを見つけると、しっぽでなかまに合図するよ。

とくいわざ
にらみつける、すなかけ、かみくだく

●ほほのふくろにエサをためて、何日も見はりをつづける。

しんか

ミネズミ → ミルホッグ

(133)

ミルホッグ   MIRUHOG

けいかいポケモン
イッシュずかん No.011

タイプ	ノーマル ………
とくせい	はっこう するどいめ
たかさ おもさ	1.1m 27.0kg

● 目は、暗やみでもよく見える。

かいせつ

てきを見つけると、しっぽを立てる。体のもようを光らせててきをおどかし、ほほぶくろにためた木の実のタネを飛ばして、こうげきする。

とくいわざ

あやしいひかり、いかりのまえば、くろいまなざし

しんか

ミネズミ
→

ミルホッグ

ムーランド　MOOLAND

かんだいポケモン
イッシュずかん No.014

タイプ	ノーマル ………
とくせい	いかく すなかき
たかさ おもさ	1.2m 61.0kg

●長い毛で、寒さをふせぐ。

かいせつ

海や山でさいなんにあった人を助ける、とてもかしこいポケモン。ふぶきでとざされた山に入り、そうなんした人を助け出すよ。

とくいわざ

かたきうち、きしかいせい、ギガインパクト

しんか

ヨーテリー → ハーデリア → ムーランド

(135)

ムシャーナ　MUSHARNA

ゆめうつつポケモン
イッシュずかん No.024

タイプ	エスパー ………
とくせい	よちむ シンクロ ※テレパシー
たかさ おもさ	1.1m 60.5kg

※「テレパシー」は、かくれとくせい。

かいせつ
おでこから出ているけむりには、人やポケモンの見たゆめが、たくさんつまっている。けむりは、ゆめに出てきたものにすがたを変える。

●人やポケモンの見る、ゆめを食べる。

とくいわざ
さいみんじゅつ、サイケこうせん、まるくなる

（目がさめているとき）

しんか
ムンナ → ムシャーナ

ムンナ

MUNNA

ゆめくいポケモン
イッシュずかん No.023

タイプ	エスパー ………
とくせい	よちむ シンクロ ※テレパシー
たかさ	0.6m
おもさ	23.3kg

※「テレパシー」は、かくれとくせい。

かいせつ

人やポケモンが見た、ゆめを食べる。ムンナにゆめを食べられると、どんなゆめを見たか、わすれてしまう。いつも空中にういている。

●楽しいゆめを食べると、ピンク色のけむりをはく。

とくいわざ

あくび、サイケこうせん、つきのひかり

しんか

ムンナ → ムシャーナ

(137)

メグロコ

MEGUROCO

さばくワニポケモン
イッシュずかん No.057

タイプ	じめん / あく
とくせい	いかく じしんかじょう
たかさ	0.7m
おもさ	15.2kg

かいせつ
さばくのすなの中でくらし、太陽にあたためられたすなで、体温が下がるのをふせぐ。すなにもぐり、目と鼻を出していどうする。

とくいわざ
かみつく、いちゃもん、すなじごく、どろかけ

● 黒いまくが、目を守る。

しんか

メグロコ
→

ワルビル
→

ワルビアル

(138)

メブキジカ

MEBUKIJIKA

きせつポケモン
イッシュずかん No.0９?

タイプ	ノーマル / くさ
とくせい	ようりょくそ / そうしょく
たかさ	1.9m
おもさ	92.5kg

はるのすがた

なつのすがた

かいせつ

きせつによって、ツノに生える草花が変わる。人びとはメブキジカのツノで、きせつのうつり変わりを感じるのだ。

しんか

シキジカ  → メブキジカ

とくいわざと、あきのすがた、ふゆのすがたは、次のページにのっています。

(139)

メブキジカ MEBUKIJIKA

あきのすがた

●立ばなツノの持ち主が、むれのリーダー。

ふゆのすがた

とくいわざ
ウッドホーン、しぜんのちから、ソーラービーム

●きせつによって、すみかを変える。

メラルバ　MERLARVA

たいまつポケモン
イッシュずかん No.142

タイプ	むし / ほのお
とくせい	ほのおのからだ ………
たかさ おもさ	1.1m 28.8kg

かいせつ

火山のふもとでくらす。5本のツノからほのおを出して、てきを追いはらう。太陽から生まれたポケモン、と信じられてきた。

とくいわざ

きゅうけつ、ニトロチャージ、むしくい

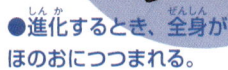
●進化するとき、全身がほのおにつつまれる。

しんか　メラルバ → ウルガモス

(141)

モグリュー

MOGUREW

もぐらポケモン	
イッシュずかん	No.035
タイプ	じめん ………
とくせい	すなかき すなのちから
たかさ おもさ	0.3m 8.5kg

かいせつ

両手のツメを重ね合わせ、体全体をドリルのような形にして、高速で回転しながら、もうスピードで地中をほり進む。

とくいわざ

どろかけ、メタルクロー、あなをほる

●地中を進むスピードは、時速50キロ以上。

しんか

モグリュー → ドリュウズ

(142)

モノズ

MONOZU

そぼうポケモン

イッシュずかん No.139

タイプ	あく / ドラゴン
とくせい	はりきり ………
たかさ	0.8m
おもさ	17.3kg

● からだじゅう、生きずがたえない。
● 食べられるものは、何でも食べる。

かいせつ

目が見えないため、体当たりしたり、かみついたりしてまわりをさぐる。何にでもかみつくので、うかつに近よるとあぶない。

とくいわざ

りゅうのいかり、りゅうのいぶき、かみくだく

しんか

モノズ → ジヘッド → サザンドラ

(143)

モロバレル

MOROBARERU

きのこポケモン
イッシュずかん No.097

タイプ	くさ / どく
とくせい	ほうし ………
たかさ おもさ	0.6m 10.5kg

かいせつ

両うでの、モンスターボールににているカサをゆらゆらと動かして、えものをおびきよせるダンスをおどる。

●モンスターボールのようなカサだが、だまされるポケモンは少ない。

とくいわざ

こうごうせい、クリアスモッグ、ソーラービーム

●うでのカサの中心から糸を出す。

しんか

タマゲタケ → モロバレル

(144)

モンメン MONMEN

わたたまポケモン
イッシュずかん No.052

タイプ	くさ ………
とくせい	いたずらごころ すりぬけ
たかさ おもさ	0.3m 0.6kg

かいせつ

風にふかれて、気ままにいどうする。おそわれると体からわたを飛ばす。てきが、わたをモンメンとまちがえているすきににげるよ。

とくいわざ

やどりぎのタネ、しびれごな、メガドレイン

●雨の日は体が重いので、大木の根元で雨宿りする。

しんか

モンメン → エルフーン

(145)

ヤナッキー

YANAKKIE

とげざるポケモン
イッシュずかん No.018

タイプ	くさ ………
とくせい	くいしんぼう ………
たかさ	1.1m
おもさ	30.5kg

かいせつ

気(き)しょうのはげしいポケモン。トゲのたくさんついたしっぽを、相手(あいて)にたたきつけて、こうげきする。

とくいわざ

タネばくだん、みだれひっかき、にらみつける

●頭(あたま)の葉(は)っぱは、とても苦(にが)い。

しんか

 →

ヤナップ　　　ヤナッキー

(146)

ヤナップ

YANAPPU

くさざるポケモン
イッシュずかん No.017

タイプ	くさ
とくせい	くいしんぼう
たかさ	0.6m
おもさ	10.5kg

● 深い森でくらす。

かいせつ

元気のないポケモンに、頭に生えた葉っぱを分けあたえる。頭の葉っぱを食べたポケモンは、つかれがウソのように消えるぞ。

とくいわざ

つるのムチ、やどりぎのタネ、かみつく

しんか

ヤナップ → ヤナッキー

ヤブクロン

YABUKURON

ゴミぶくろポケモン
イッシュずかん No.074

タイプ	どく ………
とくせい	あくしゅう ねんちゃく
たかさ おもさ	0.6m 31.0kg

かいせつ

ふけつな場所がすき。ゴミぶくろと、工場などからすてられたゴミが化学変化を起こして、ヤブクロンに生まれ変わったのだ。

とくいわざ

どくびし、アシッドボム、ヘドロばくだん

●ゲップのようにガスをはき出す。すいこんだら1週間もねこむ。

しんか

ヤブクロン → ダストダス

(148)

ユニラン

UNIRAN

さいぼうポケモン
イッシュずかん No.083

タイプ	エスパー ………
とくせい	ぼうじん マジックガード
たかさ おもさ	0.3m 1.0kg

かいせつ

サイコパワーを出して、おそってきたてきを追いはらう。体がとくしゅなえき体でつつまれているので、どんな所でも生きられる。

とくいわざ

リフレクター、めざめるパワー

● テレパシーで、なかまと会話する。

しんか

ユニラン → ダブラン → ランクルス

(149)

ヨーテリー YORTERRIE

こいぬポケモン
イッシュずかん No.012

タイプ	ノーマル
	………
とくせい	やるき ものひろい
たかさ	0.4m
おもさ	4.1kg

かいせつ

強い相手にもゆうかんに立ち向かうが、ふりな戦いはさける。顔の長い毛はレーダーで、まわりの様子がわかるよ。

とくいわざ

かぎわける、かみつく、とっしん

●頭がいいポケモン。

しんか

ヨーテリー → ハーデリア → ムーランド

(150)

ランクルス

LANCULUS

そうふくポケモン
イッシュずかん No.085

タイプ	エスパー ………
とくせい	ぼうじん マジックガード
たかさ おもさ	1.0m 20.1kg

かいせつ
高い知のうを持つポケモン。ランクルス同しがあく手すると、のうみそがネットワークでつながり、サイコパワーが強くなる。

とくいわざ
ピヨピヨパンチ、かいふくふうじ、ワンダールーム

●岩をにぎりつぶすほど力が強い。

しんか

ユニラン → ダブラン → ランクルス

(151)

ランドロス

LANDLOS

ほうじょうポケモン
イッシュずかん No.151

タイプ	じめん / ひこう
とくせい	すなのちから ………
たかさ	1.5 m
おもさ	68.0 kg

かいせつ

ランドロスのしっぽからふり注ぐエネルギーは、土のえいようをふやすので、作物が大きく育ち、たくさん実るのだ。

とくいわざ

だいちのちから、いわなだれ、じしん

● 畑の神様といわれている。

しんか

ランドロス

進化しない

ランプラー　LAMPLER

ランプポケモン	
イッシュずかん	№ 114
タイプ	ゴースト / ほのお
とくせい	もらいび / ほのおのからだ
たかさ	0.6m
おもさ	13.0kg

かいせつ
不吉なポケモンといわれ、こわがられる。死のまぎわにあらわれて、たましいが肉体をはなれると、すかさずすい取ってしまうのだ。

● 死者のたましいをもとめて、町中をさまよう。

とくいわざ
のろい、シャドーボール、オーバーヒート

しんか

ヒトモシ
→

ランプラー
→

シャンデラ

リグレー LIGRAY

ブレインポケモン	
イッシュずかん	No.111
タイプ	エスパー ………
とくせい	テレパシー シンクロ
たかさ おもさ	0.5m 9.0kg

● 強力なサイコパワーをあやつる。

かいせつ

サイコパワーで、相手ののうみそをしめつけて、頭つうを起こさせる。50年前に、さばくのかなたから、とつぜんやってきた。

とくいわざ

ミラクルアイ、サイケこうせん、しねんのずつき

しんか

リグレー → オーベム

(154)

レシラム

RESHIRAM

はくようポケモン
イッシュずかん No.149

タイプ	ドラゴン / ほのお
とくせい	ターボブレイズ ………
たかさ	3.2m
おもさ	330.0kg

かいせつ

神話に登場するポケモン。レシラムのしっぽがもえると、ねつエネルギーで大気が動いて、世界の天気が変化するのだ。

とくいわざ

クロスフレイム、りゅうのはどう、だいもんじ

●しっぽから、ほのおをふき上げる。

しんか

レシラム

進化しない

レパルダス / LEPARDAS

れいこくポケモン
イッシュずかん No.016

タイプ	あく ………
とくせい	じゅうなん / かるわざ
たかさ / おもさ	1.1m / 37.5kg

かいせつ

とつぜんあらわれたり、消えたりする。気配をころして、えものに近づく。相手が気づく前に、後ろからしのびよって仕とめるぞ。

とくいわざ

ねこだまし、つじぎり、わるだくみ、ふいうち

●美しいすがたと毛なみが、多くのトレーナーに人気。

しんか

チョロネコ → レパルダス

ローブシン

ROUBUSHIN

きんこつポケモン
イッシュずかん No.049

タイプ	かくとう ········
とくせい	こんじょう ちからずく
たかさ おもさ	1.4m 87.0kg

かいせつ
2000年前、人間にコンクリートの作り方を教えたのは、ローブシンだと、考えられているよ。

●コンクリートの柱を、自由にふり回す。

とくいわざ
アームハンマー、ストーンエッジ、ばかぢから

しんか

ドッコラー → ドテッコツ → ローブシン

ワシボン

WASHIBON

ヒナわしポケモン
イッシュずかん No.133

タイプ	ノーマル / ひこう
とくせい	するどいめ / ちからずく
たかさ	0.5 m
おもさ	10.5 kg

かいせつ
どんなに強い相手にも、ゆうかんに立ち向かっていく習せいを持つ。戦いをくり返すことで、強くなるぞ。

● 木の実をくだくほど、足の力が強い。

とくいわざ
つばさでうつ、おいかぜ、エアスラッシュ

しんか

ワシボン → ウォーグル

(158)

アイリス

ドラゴンタイプのポケモンの使い手。木登りがとく意な野生てきな女の子。ドラゴンマスターを目指して旅をしている。

エモンガ

キバゴ

ドリュウス

シューティー

サトシのライバル。きょうそう心が強い。イッシュリーグ出場を目指して、しゅ行をつづけている。出会ったポケモンは、デジカメですぐにさつえいする。

ジャノビー

デント

サンヨウシティで出会ったジムリーダー三兄弟のひとり。トレーナーとポケモンの相しょうをしんだんするポケモンソムリエのAクラスのしかくを持っている。りょう理がとく意。

アララギ
はかせ

イッシュ地方でポケモンの研究をしているポケモン博士。サトシたちの旅を助けてくれる。

オーキド
はかせ

カントー地方でポケモンの研究をしているポケモン研究の第一人者。テレビにも出る有名人。各地方に研究なかまがいる。アララギ博士も友人だ。

マコモ
はかせ

アララギ博士の友だち。イッシュ地方で、ポケモンの見るユメについて研究をしている。

ベル

アララギ博士にたのまれて、サトシにとどけ物をするために登場する。チャオブー、チラーミィがパートナー。

チャオブー

チラーミィ

ジョーイさん

タブンネ

イッシュ地方(ちほう)のポケモンセンターにいるかんごしさん。タブンネといっしょに、ケガをしたポケモンを回(かい)ふくしてくれる。いろんな町(まち)にいるジョーイさんは、みんな親(しん)せき。

ジュンサーさん

イッシュ地方(ちほう)で、町(まち)の平和(へいわ)を守(まも)っているけいさつかん。いろんなところにいるジュンサーさんは、みんな親(しん)せき。

ドン・ジョージ

イッシュ地方にある、「ポケモンバトルクラブ」の道場主。いろんな町にあるポケモンバトルクラブのドン・ジョージはすべて親せきだ。

ハンサム

世界の悪いはんざいをとりしまる、「国さいけいさつ」のうできそうさかん。変そうの名人だ。

ロケットだん

世界せい服をたくらむ悪の組しき。ボスのサカキの命れいを受けてイッシュ地方にもやってきた。

サカキ

コジロウ

ムサシ

イッシュずかん番号順
ポケモンリスト

イッシュずかんナンバーでポケモンを調べるときは、このリストを見よう！

No.000	ビクティニ	No.023	ムンナ	No.046	クルミル
No.001	ツタージャ	No.024	ムシャーナ	No.047	クルマユ
No.002	ジャノビー	No.025	マメパト	No.048	ハハコモリ
No.003	ジャローダ	No.026	ハトーボー	No.049	フシデ
No.004	ポカブ	No.027	ケンホロウ	No.050	ホイーガ
No.005	チャオブー	No.028	シママ	No.051	ペンドラー
No.006	エンブオー	No.029	ゼブライカ	No.052	モンメン
No.007	ミジュマル	No.030	ダンゴロ	No.053	エルフーン
No.008	フタチマル	No.031	ガントル	No.054	チュリネ
No.009	ダイケンキ	No.032	ギガイアス	No.055	ドレディア
No.010	ミネズミ	No.033	コロモリ	No.056	バスラオ
No.011	ミルホッグ	No.034	ココロモリ	No.057	メグロコ
No.012	ヨーテリー	No.035	モグリュー	No.058	ワルビル
No.013	ハーデリア	No.036	ドリュウズ	No.059	ワルビアル
No.014	ムーランド	No.037	タブンネ	No.060	ダルマッカ
No.015	チョロネコ	No.038	ドッコラー	No.061	ヒヒダルマ
No.016	レパルダス	No.039	ドテッコツ	No.062	マラカッチ
No.017	ヤナップ	No.040	ローブシン	No.063	イシズマイ
No.018	ヤナッキー	No.041	オタマロ	No.064	イワパレス
No.019	バオップ	No.042	ガマガル	No.065	ズルッグ
No.020	バオッキー	No.043	ガマゲロゲ	No.066	ズルズキン
No.021	ヒヤップ	No.044	ナゲキ	No.067	シンボラー
No.022	ヒヤッキー	No.045	ダゲキ	No.068	デスマス

No.069	デスカーン	No.097	モロバレル	No.125	コジョフー
No.070	プロトーガ	No.098	プルリル	No.126	コジョンド
No.071	アバゴーラ	No.099	ブルンゲル	No.127	クリムガン
No.072	アーケン	No.100	ママンボウ	No.128	ゴビット
No.073	アーケオス	No.101	バチュル	No.129	ゴルーグ
No.074	ヤブクロン	No.102	デンチュラ	No.130	コマタナ
No.075	ダストダス	No.103	テッシード	No.131	キリキザン
No.076	ゾロア	No.104	ナットレイ	No.132	バッフロン
No.077	ゾロアーク	No.105	ギアル	No.133	ワシボン
No.078	チラーミィ	No.106	ギギアル	No.134	ウォーグル
No.079	チラチーノ	No.107	ギギギアル	No.135	バルチャイ
No.080	ゴチム	No.108	シビシラス	No.136	バルジーナ
No.081	ゴチミル	No.109	シビビール	No.137	クイタラン
No.082	ゴチルゼル	No.110	シビルドン	No.138	アイアント
No.083	ユニラン	No.111	リグレー	No.139	モノズ
No.084	ダブラン	No.112	オーベム	No.140	ジヘッド
No.085	ランクルス	No.113	ヒトモシ	No.141	サザンドラ
No.086	コアルヒー	No.114	ランプラー	No.142	メラルバ
No.087	スワンナ	No.115	シャンデラ	No.143	ウルガモス
No.088	バニプッチ	No.116	キバゴ	No.144	コバルオン
No.089	バニリッチ	No.117	オノンド	No.145	テラキオン
No.090	バイバニラ	No.118	オノノクス	No.146	ビリジオン
No.091	シキジカ	No.119	クマシュン	No.147	トルネロス
No.092	メブキジカ	No.120	ツンベアー	No.148	ボルトロス
No.093	エモンガ	No.121	フリージオ	No.149	レシラム
No.094	カブルモ	No.122	チョボマキ	No.150	ゼクロム
No.095	シュバルゴ	No.123	アギルダー	No.151	ランドロス
No.096	タマゲタケ	No.124	マッギョ	No.152	キュレム

(175)

ポケモンベストウイッシュ イッシュずかん

- 執筆・構成／ジャングル・ファクトリー 坂田 純
- 協力／小学館集英社プロダクション
- イラスト／木村光雄　OLM
- デザイン／佐々木多利爾
- 編集／嶋津 睦
- 制作／苅谷直子　池田 靖　柳川結衣
- 販売／筆谷利佳子　　宣伝／内藤尚美

©Nintendo・Creatures・GAME FREAK・TV Tokyo・ShoPro・JR Kikaku
©Pokémon

コロタン文庫 ㉕	ポケモン ベストウイッシュ イッシュずかん	
2011年7月5日初版第1刷発行	発行所　株式会社　小学館	
	〒101-8001	
発行者　山川史郎	東京都千代田区一ツ橋2-3-1	
印刷所	凸版印刷株式会社	電話　編集　03-3230-5453
製本所		販売　03-5281-3555
Printed in Japan　© Shogakukan 2011		

・造本には十分注意しておりますが、印刷、製本など製造上の不備がございましたら、「制作局コールセンター」（フリーダイヤル 0120-336-340）にご連絡ください。
(電話受付は、土・日・祝日を除く 9:30〜17:30)

R＜日本複写権センター委託出版物＞
本書を無断で複写（コピー）することは、著作権法上の例外を除き、禁じられています。
本書をコピーされる場合は、事前に日本複写権センター（JRRC）の許諾を受けてください。
JRRC ＜http://www.jrrc.or.jp　eメール info@jrrc.or.jp　電話 03-3401-2382＞

本書の電子データ化等の無断複製は著作権法上での例外を除き禁じられています。
代行業者等の第三者による本書の電子的複製も認められておりません。

ISBN978-4-09-281215-4